Mama

мама

Papa

папа

Junge

мальчик

Mädchen

девочка

1 

eins

один

2

zwei

два

3

drei

три

4

vier

четыре

5

fünf

6

sechs

7

sieben

8

acht

9

neun

девять

10

zehn

десять

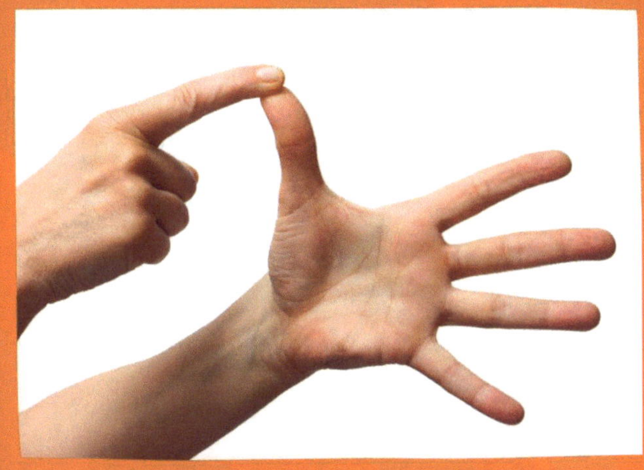

zählen

считать

schreiben

писать

zeichnen

рисовать

malen

раскрашивать

Kreis

круг

Quadrat

квадрат

Rechteck

прямоугольник

Dreieck

треугольник

Stern

звезда

schwarz

черный

weiß

белый

braun

коричневый

rot

красный

blau

синий

gelb

желтый

grün

зеленый

lila

фиолетовый

grau

серый

orange

оранжевый

rosa

розовый

Apfel

яблоко

Ananas

ананас

Banane

банан

Wassermelone

арбуз

Birne

груша

Weintrauben

виноград

Mango

манго

Pfirsich

персик

Erdbeere

клубника

Kirsche

вишня

Orange

апельсин

Kokosnuss

кокос

Zitrone

лимон

Pilz

гриб

Mais

кукуруза

Tomate

помидор

Kürbis

тыква

Gurke

огурец

Karotte

морковь

Kartoffel

картофель

Zucchini

цуккини

Spinat

шпинат

Blumenkohl

цветная капуста

Ei

яйцо

Teller

тарелка

Löffel

ложка

Messer

нож

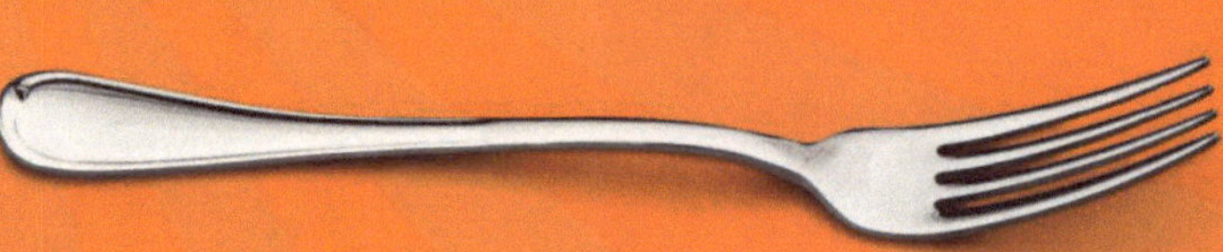

Gabel

вилка

Kuchen

торт

Babyflasche

детская бутылочка

Süßigkeiten

конфеты

Käse

сыр

trinken

пить

essen

есть

heiß

горячий

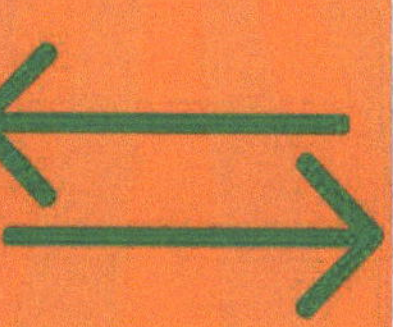

kalt

холодный

klein

маленький

groß

большой

 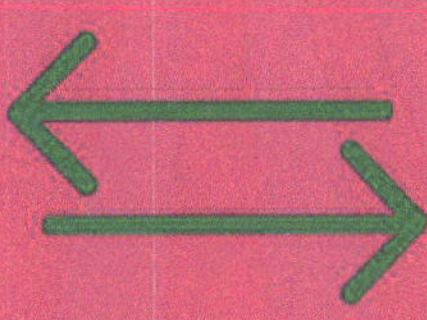

kurz

короткий

lang

длинный

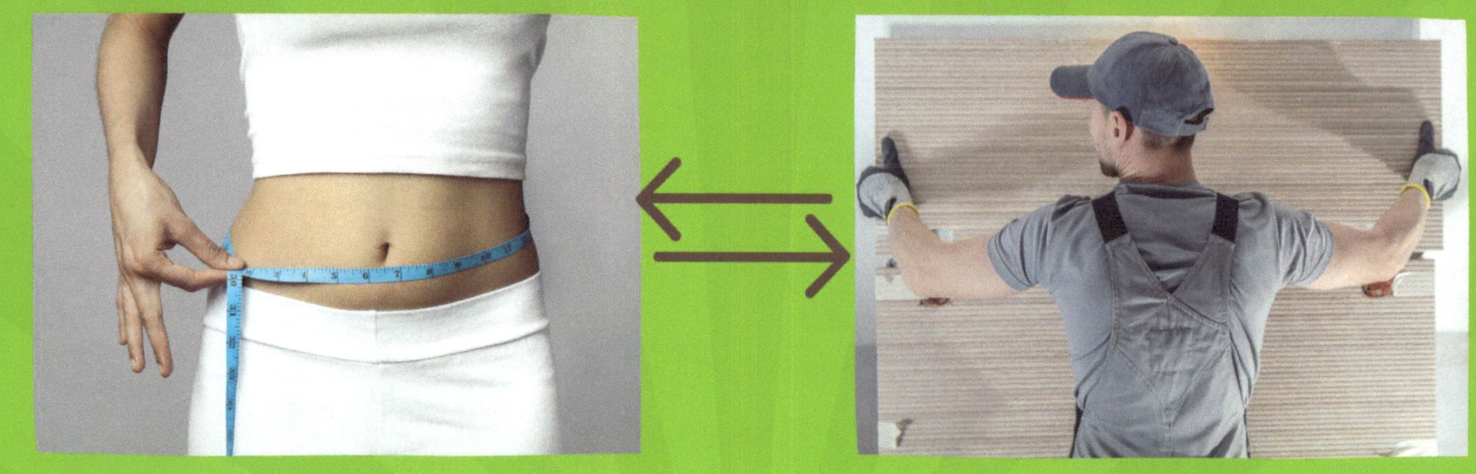

dünn

тонкий

groß

большой

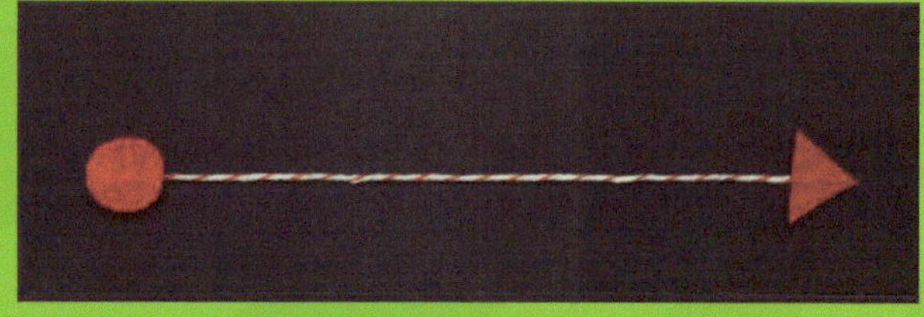  

leicht

лёгкий

schwierig

сложный

 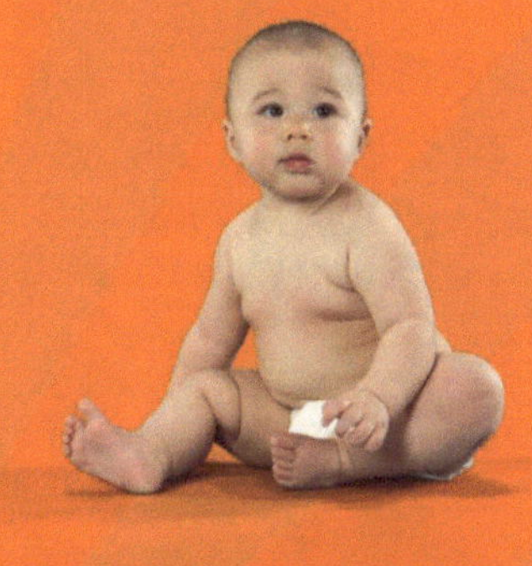

aufstehen

стоять

hinsetzen

сидеть

süß

сладкий

salzig

соленый

schwer

тяжелый

leicht

легкий

in

в

aus

вне

dreckig
грязный

sauber
чистый

schließen
закрытый

öffnen
открытый

Bleistifte

карандаши

Uhr

часы

Schlüssel

ключ

Buch

книга

Bett

кровать

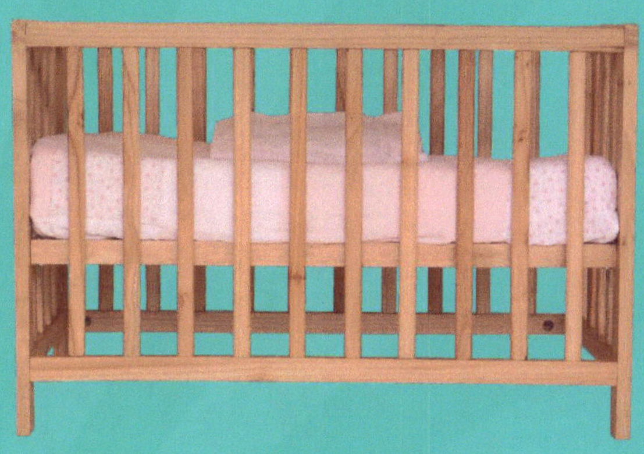

Krippe

детская кроватка

Tisch

стол

Stuhl

стул

Auto

автомобиль

Fahrrad

велосипед

Flugzeug

самолёт

Boot

лодка

Zug

поезд

Hubschrauber

вертолёт

Feuerwehrauto

пожарная машина

Feuerwehrmann

пожарный

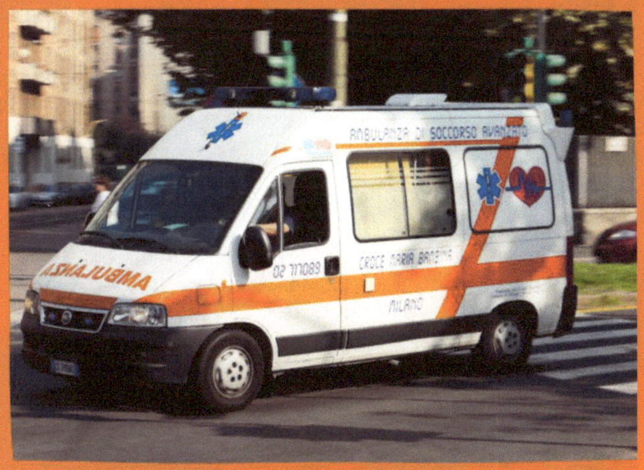

Krankenwagen

скорая помощь

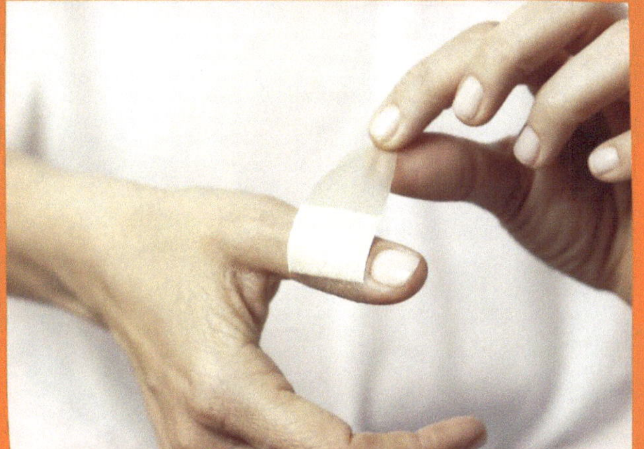

Verband

бинт

Rettungssanitäter

фельдшер

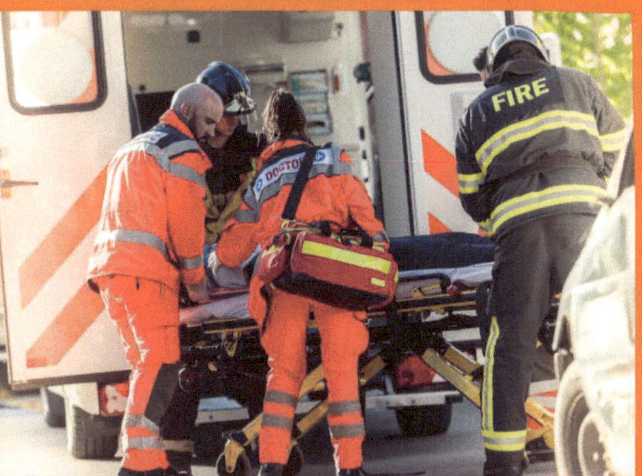

Rettungsteam

спасательная команда

Wald

лес

Berg

гора

Gras

трава

Sand

песок

Baum

дерево

Blume

цветок

Schmetterling

бабочка

Ameise

муравей

Katze

кошка

Hund

собака

Pferd

лошадь

Maus

мышь

Kuh

корова

Schwein

свинья

Schaf

овца

Ente

утка

Gans

гусь

Hase

кролик

Fisch

рыба

Tierärztin

ветеринар

Doktor

врач

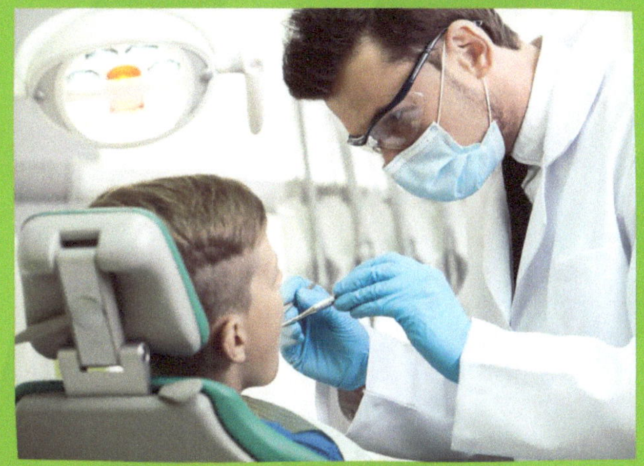

Zahnarzt

стоматолог

Apotheker

фармацевт

Krankenschwester

медсестра

Kopf

голова

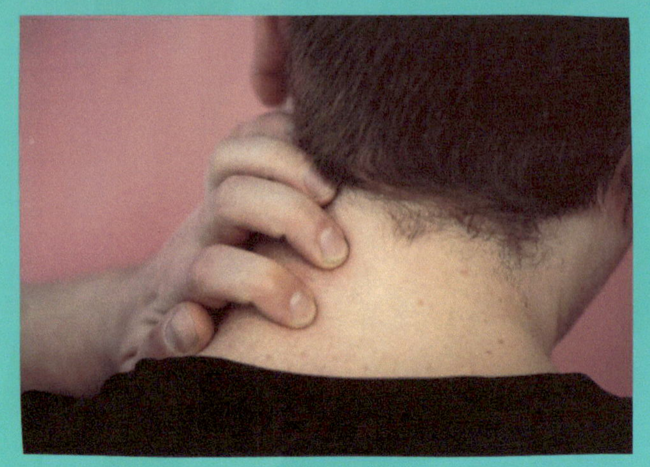

Hals

шея

Fuß

ступня

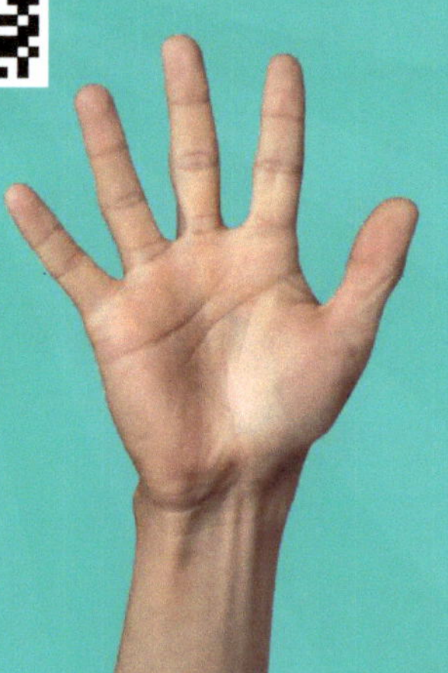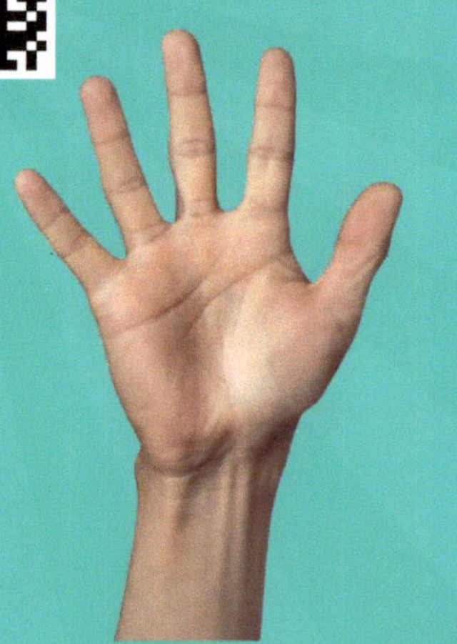

Hand

рука

Zähne

зубы

Auge

глаз

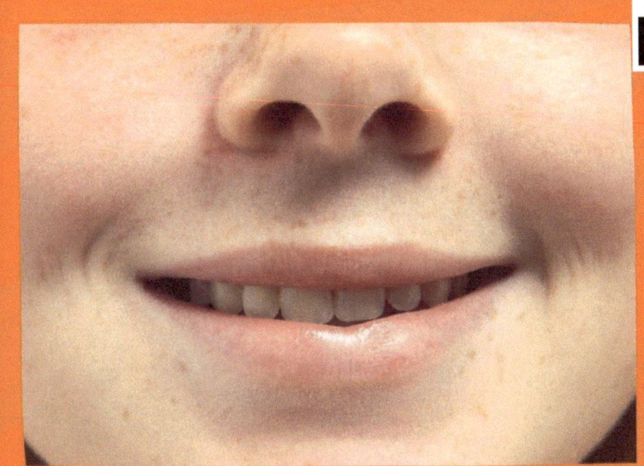

Mund

рот

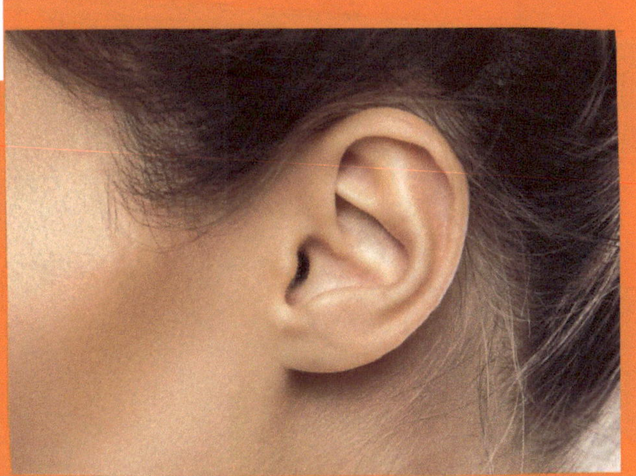

Ohr

ухо

Hut

шляпа

Hose

штаны

Kleid

платье

Schuhe

обувь

Mantel

пальто

Schal

шарф

Regenschirm

зонт

Brille

очки

Sonne

солнце

wolkig

облачный

regnerisch

дождливый

Mond

луна